AF451940

CONSEIL D'ÉTAT

MÉMOIRE DÉTAILLÉ

DE M. L'ABBÉ ROY

CURÉ DE NEUILLY

COMPLÉMENT

Paris.—Imprimerie de L. Martinet, rue Mignon, 2.

CONSEIL D'ÉTAT

MÉMOIRE DÉTAILLÉ

DE M. L'ABBÉ ROY

CURÉ DE NEUILLY

COMPLÉMENT

QUESTION PRÉJUDICIELLE.

L'administration diocésaine n'a pas encore jugé à propos de me communiquer son dossier ; mais ce dossier, d'autres l'ont vu, et ce qu'on m'en a dit m'oblige à sortir de la réserve que je m'étais imposée.

Le conseil d'État voudra bien remarquer l'étrange et douloureuse situation qui m'est faite : j'en ai appelé à sa justice d'une condamnation injurieuse et excessive, fondée uniquement, au moins en apparence, sur une contravention très excusable à l'ordre du 8 août (le jugement de l'officialité en fait foi) ; si, nonobstant ma soumission immédiate à la sentence du tribunal ecclésiastique, ma déposition devait en être la légitime suite, l'autorité diocésaine, pour justi-

lier ce dernier acte, devait se borner à transmettre à S. Exc.
M. le ministre des cultes les documents que j'ai produits moi-
même, savoir le monitoire du 8 août, le jugement de l'officialité et les ordonnances qui les ont suivi. Prs du tout : on
agit auprès de l'autorité civile, comme on a agi auprès de
l'archevêque ; on lui communique des pièces dont on me
dérobe la connaissance, et qui n'ont pas subi l'indispensable
contrôle d'un examen contradictoire. Avant d'arriver au
conseil d'État, ces pièces, inconnues non-seulement de l'accusé, mais encore de l'officialité, ont traversé les bureaux
du ministère des cultes et passé sous les yeux de je ne sais
combien de commis. J'arrive devant mes juges avec une
réputation détruite.

Pourquoi cela ? C'est donc au moyen d'une procédure
occulte qu'on espère entraîner le conseil d'État à rejeter le
pourvoi que j'ai formé contre des actes publics. On trouve
apparemment ces actes publics injustifiables par eux-
mêmes, et l'on se flatte de pouvoir les soutenir, en les
appuyant, à mon insu, sur des témoignages dépourvus de
toute garantie.

Cela est au moins singulier de la part de l'administration
diocésaine : elle avoue par là très clairement que l'ordonnance du 16 avril, lue en chaire et transcrite sur les regis-
tres de la fabrique, et que l'ordonnance non moins affli-
geante du 15 mai, ne découlent pas du jugement de
l'officialité ; que ces deux ordonnances, ainsi que l'arrêté
ministériel du 7 juin, ne sont que la mise à exécution d'un
jugement discrétionnaire rendu par l'évêque pour des raisons à lui seul pertinentes, puisqu'il n'en a pas informé
l'officialité.

Telle est, en effet, d'après les lois de l'Église, la nature
des jugements discrétionnaires ; il ne faut pas que les

motifs en soient révélés. Comme il est d'expérience et de foi que les supérieurs ecclésiastiques peuvent être abusés par de faux rapports, la situation du clergé serait intolérable s'il était permis aux évêques de donner la moindre publicité aux informations clandestines qui ont servi de base à des jugements rendus sans contradiction.

En communiquant au ministère des cultes ou au conseil d'État des pièces à ma charge, dont la connaissance m'a été refusée, l'administration diocésaine a donc divulgué les secrets de la juridiction personnelle et consciencieuse de l'évêque, car ces pièces sont étrangères au procès jugé par l'officialité, et n'y ont pas figuré.

Ainsi l'administration diocésaine, dont le premier devoir est de fournir à un prêtre tous les moyens de justification qu'elle peut lui offrir, cette administration spécialement chargée de protéger l'honneur du sacerdoce, refuse au prêtre accusé et à un tribunal de prêtres une communication essentielle à la manifestation de la vérité ; et après avoir obtenu de ce tribunal de prêtres, et pour la forme, un jugement très grave sur une question sans gravité, elle n'hésite pas, pour faire ratifier ce jugement et ses déplorables suites, à confier à l'autorité séculière les dénonciations ténébreuses et suspectes qu'elle cache à l'accusé et à ses pairs.

M. le promoteur y a-t-il bien pensé ? Je dois le croire, et sans doute je ne l'étonnerai pas, en lui montrant les conséquences de sa propre conduite.

Si, par hasard, le conseil d'État consentait à juger mon pourvoi sur le vu ou sur le bruit de ces pièces que j'ignore, le conseil d'État rendrait à son tour, en cette circonstance, un jugement discrétionnaire, c'est-à-dire de la nature de ceux dont on cache ou dont on déguise les vrais motifs. Cela est parfaitement évident. Or, l'administration diocésaine croit-elle que le conseil d'État ait reçu de Dieu et de l'Église, et qu'il partage avec les évêques ce droit formidable de juger un prêtre sur procédure secrète, et sans aucune possibilité de contradiction ? Elle agit, du moins, comme si elle en était sûre ; je ne m'étais plaint que d'actes publics, et elle vient, malgré moi, prendre le conseil d'État pour juge d'appel des sentences rendues par le pouvoir spirituel, dans le mystérieux exercice d'une prérogative exclusivement épiscopale. Elle lui en soumet les secrets motifs, pour qu'il les approuve, et proclame par là non-seulement la compétence de l'État, mais la subordination de l'Église en matière de discipline intérieure et, pour ainsi dire, domestique.

Dogme nouveau, en vertu duquel il n'y aurait plus ici-bas d'asile pour un prêtre contre la calomnie : le malheureux ne trouverait partout, de quelque côté qu'il se tournât, que des juges prévenus contre lui, qui le condamneraient, sans lui dire pourquoi. Les moyens de se justifier lui seraient enlevés, et tous les pouvoirs de la terre s'accorderaient pour méconnaître en lui le droit naturel et sacré de la défense.

Heureusement pour moi, il n'en sera pas ainsi, j'en ai la ferme confiance : le conseil d'État ne formera son jugement que sur des pièces connues de l'appelant et sur des faits qu'il aura été mis en mesure de discuter ; il ne tiendra aucun compte de ces documents honteux qui vont solliciter les juges et craignent les regards de l'accusé. Cette grave et docte assemblée n'a pas besoin que je lui rappelle qu'un jugement discrétionnaire rendu par un évêque, n'est pas un jugement civil et ne peut avoir aucun effet civil. Et quand un pareil jugement a brisé la carrière d'un vieillard,

jusque-là entouré de tous les respects, et porté l'atteinte la
plus grave à l'honneur de sa famille, le conseil d'État n'ira
pas, sous la même procédure souterraine d'où est sortie
la condamnation, étouffer la prière et la plainte de ce
vieillard.

Civis romanus sum, disait saint Paul, et les magistrats, à
ces mots, venaient eux-mêmes briser ses liens. J'ose dire
aujourd'hui, avec la même fierté . Je suis citoyen français.
Il n'est pas permis, par conséquent, de rejeter mon pourvoi, à raison d'une procédure secrète; ce serait déclarer
que le clergé est en dehors du droit commun, et qu'il y a,
en France, une classe de parias et de déshérités, dont
l'honneur est à la merci de toutes les calomnies et de tous
les arbitraires. Cela est, Dieu merci! manifestement contraire au principe de l'égalité civile et à la constitution
même de l'empire.

C'est sous la sauvegarde de ces principes salutaires que
j'aborderai la discussion de certains griefs, relevés, dit-on,
contre moi dans le dossier de l'administration diocésaine.
Je ne veux pas, en effet, laisser croire au conseil que je me
réfugie dans une question préjudicielle, pour soustraire ma
vie intime à son examen. J'appelle, au contraire, cet examen, pourvu qu'il soit contradictoire. Que l'on se serve du
dossier, j'y consens avec joie; mais avant faire droit, qu'il
me soit permis de le lire et d'y répondre. Telle est ma première conclusion. Ce n'est que subsidiairement, et dans le
cas où cette communication me serait refusée, que je
demande qu'on écarte, par respect pour la loi, ces pièces
irrégulières, insidieuses et suspectes, qu'on s'obstinerait à
me cacher.

En attendant, puisque quelques-unes de ces accusations, et très probablement les plus spécieuses et les plus

graves, sont venues indirectement, et par plus d'une voie, à ma connaissance, je crois aller au-devant de la pensée de mes juges en leur en montrant dès à présent l'inanité ; je veux qu'on voie à plein, par ces tristes exemples, le danger des procédures secrètes et des jugements sans débat.

<hr>

I

L'accusateur.

Il ne m'est plus permis d'en douter : c'est mon propre frère qui m'accuse ; c'est lui qu'on a osé faire parler dans ce dossier. Certes, on en conviendra, le pouvoir discrétionnaire avait là une belle et juste occasion de montrer sans bruit sa sagesse et son utilité. Un ecclésiastique accusé par son frère ! N'était-ce pas le cas d'user de prudence, de rechercher avec angoisse et scrupule la vérité, d'interroger soi-même et séparément les deux frères, de les mettre en présence, de tâcher de lire dans leurs yeux, de fouiller dans leurs cœurs, et la lumière faite, de réprimander sévèrement, mais charitablement, celui des deux qui serait trouvé coupable, et de mettre enfin tout en œuvre pour étouffer, si faire se pouvait, un éclat aussi dangereux pour la religion qu'affligeant pour l'humanité ? Rien n'était plus facile, veuillez le remarquer : l'ecclésiastique étant de cœur et par état soumis d'avance à cette juridiction paternelle, et le laïque l'ayant lui-même recherchée, puisqu'il s'adressait à elle.

On n'a pas suivi cette voie qui était la plus naturelle et

la plus chrétienne : M. le promoteur s'est emparé, sans examen, de la calomnie, et malgré mes supplications, m'a brisé sans m'entendre ; il a si bien fait qu'il m'a réduit à cette alternative, ou de souscrire silencieusement à une condamnation flétrissante, ou de défendre mon honneur en public contre mon propre frère. Que je me taise ou que je parle, quel spectacle édifiant pour l'Église et pour le monde ! et quel triomphe pour l'administration diocésaine !

Je parlerai donc, puisque l'honneur l'ordonne, et ma justification sera complète.

II

Première allégation.

On m'accuse d'abord d'avoir marié mon frère contre sa volonté.

J'oppose à cette assertion deux documents irrécusables :

1° Une lettre de l'honorable M. Tallard, beau-père de mon frère, écrite le 25 février 1841, à la suite d'une rupture des négociations. Elle constate que mon frère, obéissant à la violence de ses inclinations et dessinant déjà son caractère, avait osé adresser des *menaces* à M. Tallard pour lui arracher son consentement ; que ce jeune homme, quoique congédié, fatiguait et inquiétait la famille de ses obsessions.

2° Une lettre de mon frère, en date du 21 septembre 1841 : les négociations de nouveau rompues, et cette fois par mon fait, mon frère les renoue encore, et à cette occasion il

m'écrit : « Il faut sur-le-champ trancher la difficulté d'un
» coup d'épée. » Il m'engageait par ces paroles à lui cons-
tituer au contrat un apport réel de 10,000 francs, somme
dont je ne voulais pas, par prudence, lui laisser la libre disposition, mais dont j'offrais de lui servir la rente. Est-ce là
le langage d'un jeune homme qu'on veut marier contre son
gré ? Y a-t-il là de ma part le moindre signe de con-
trainte? C'est à moi qu'on force la main ; et, pour exercer
sur moi une pression plus forte, mon frère en appelle à
ma loyauté ; il m'adresse des blâmes et se décerne à lui-
même des éloges qu'il met adroitement dans la bouche
d'autrui.

Il faut donc rayer cette première accusation des papiers
de M. le promoteur.

J'ai eu tort sans doute, et il y a longtemps que j'en
gémis, de seconder mon frère dans ses projets d'établisse-
ment, et de lui chercher une compagne digne, à tous
égards, d'un meilleur sort ; j'ai cru alors que le mariage avec
une personne grave et sensée calmerait ce jeune homme,
et produirait dans sa conduite une de ces heureuses
révolutions dont j'avais connu maint exemple. J'ai agi en
père de famille, et si je me suis mépris, ceux qui auraient
droit de me le reprocher sont les seuls qui me le pardon-
nent. Le respectable M. Tallard est mort dans mes bras
en 1856. Nous avions toujours vécu ensemble, surtout depuis
la séparation des époux, dans la plus douce intimité ; il
assistait à mon installation dans l'église de Neuilly, et son
intention, bien connue de ses amis, était de venir se fixer
dans cette paroisse, auprès de ses petits enfants. On peut
interroger madame Roy, la vraie et vivante victime. Quant
à mon frère, il écrivait en 1843, parlant des mésintelligences
de son ménage : « Non, je n'en accuse pas mon cher et

» pauvre frère ; il a agi avec l'intime conscience de me
» faire du bien ; je reporte mes anathèmes sur d'autres qui
» pouvaient, s'ils l'eussent voulu, m'éviter de grands maux
» qui ne font que commencer.... »

Cette lettre, qui explique et justifie la part que j'ai eue à
cette union malheureuse, sera mise avec les précédentes,
à première réquisition, sous les yeux du conseil.

III

Deuxième allégation.

J'aurais, dit-on, sollicité pour mon frère, après son
mariage, un emploi nocturne à l'administration des postes.

On est confondu d'étonnement d'avoir à réfuter de telles
impostures. Jamais mon frère n'a eu d'emploi pareil à celui
dont on parle. Il était bien facile de s'en convaincre auprès
de l'administration des postes. J'ai, il est vrai, sollicité pour
lui, et à sa prière, un déplacement, et ma correspondance à
ce sujet doit se retrouver aux archives de cette administration ; qu'on la recherche et qu'on la publie : on y verra que
j'ai, en 1846, demandé et obtenu pour mon frère l'emploi
qu'il occupe encore aujourd'hui dans la comptabilité

Je puis, dès à présent, produire deux pièces concluantes :

1° Une lettre de mon frère, en date du 23 octobre 1846 :
il s'y plaint à moi, avec amertume et colère, de ses chefs
qui, à l'entendre, méconnaissent ses services ; de l'obliga-
tion où il est, non pas de se coucher tard, mais, au contraire, *de se lever matin*, et cela, ajoute-t-il, « malgré

» tous vos efforts, je dois vous rendre cette justice, à m'arra-
» cher de la boue ».

2° La lettre par laquelle l'honorable M. Comte, alors
directeur général des postes, m'annonce enfin le succès de
mes démarches. Elle est du 3 décembre 1845 : il y est dit
que mon frère va être nommé, à partir du 1er janvier suivant, *commis au bureau de la caisse*. Il y est encore.

Que reste-t-il de ces deux accusations? Rien, sinon la
preuve d'une intention coupable de la part de ceux qui
les ont forgées, et du trop d'empressement que d'autres ont
mis à les accueillir, sans aucune vérification.

IV

Troisième et dernière allégation à moi connue.

Ce dernier grief serait la conséquence naturelle et très
vraisemblable des deux autres, si les deux autres avaient
le moindre fondement. Je n'ai pas vu le dossier, et pour
cause ; mais j'ai lieu de croire qu'il n'y est rien allégué de
plus précis et de plus consistant que ce qu'on vient de lire.
C'est sur ces bases vides et fragiles qu'est échafaudée la
plus odieuse accusation qu'on puisse intenter à un honnête
homme. On ne me demande pas pourquoi mon frère m'a
quitté et pourquoi sa famille m'a suivi : à quoi bon? On se
croit suffisamment informé. Marier un homme malgré lui!
Demander pour lui un emploi nocturne! Cela éclaircit tout
et dispense de toute explication. Malheureusement, comme
on l'a vu, ces deux faits, dont on a tiré de si affreuses con-

séquences, sont matériellement faux. De plus, il n'est pas vrai que mon frère ait, à aucune époque, conçu le moindre doute sur la chasteté de son foyer.

La jalousie conjugale, même en ses égarements, est chose délicate et qui commande le respect : j'aurais été coupable de froisser ce sentiment de la façon la plus légère, en continuant à garder ma famille sous mon toit, si la plus fugitive impression de ce genre eût, un seul moment, obscurci le front de mon frère. Il n'en a rien été : les discordes de ce ménage ne viennent pas de là et n'ont jamais eu ce caractère. D'où viennent-elles? Ce n'est pas à moi qu'il appartient d'en révéler sans nécessité les secrets : je me reprocherais toute accusation superflue et toute parole qui n'aurait pas un rapport immédiat à ma propre défense. Il me suffira de dire que je suis en mesure, si j'étais pressé là-dessus, de faire parler à ma place un témoin bien impartial, mon frère lui-même, dont j'ai conservé la correspondance.

Je ne fais d'ailleurs que lui rendre justice en protestant que, malgré ses faiblesses, il n'eût pas été homme à supporter treize ans, sans éclater, ne disons pas l'injure, mais seulement l'idée de certaine injure. Il n'est personne de plus ombrageux et de plus emporté : il sera établi, dans les chapitres suivants, qu'il a passé toute sa vie à se plaindre de griefs imaginaires, à offenser cruellement tous ses proches, et l'on peut être sûr que, si jamais soupçon pareil à celui dont on parle fût entré dans son esprit, l'univers entier ne l'eût pas empêché d'en faire esclandre. Aucun de ceux qui le connaissent ne me démentira.

A cette preuve négative de sa sécurité, bonne pour ceux qui le connaissent, joignons, pour édifier ceux qui ne le connaissent pas, des preuves positives.

Dans une lettre écrite peu avant son mariage, mon frère

s'était permis je ne sais quelle épigramme malséante contre les femmes de Paris; cette lettre tomba, onze ans plus tard, en des mains étrangères; on en parla à Tannay (Nièvre) devant sa femme, qui s'en émut. Que répondit mon frère? « C'est une idée collective et non particulière. » (*Lettre du 14 septembre* 1852.) « Il n'y a rien dans cette pièce qui
» circule qui puisse porter atteinte soit à ta probité, soit à
» ton honneur. Si quelque chose de semblable avait pu
» m'échapper, je m'empresserais de te faire une réparation
» convenable en pareille circonstance. Ce serait pour moi
» un devoir de conscience auquel je m'estimerais tenu aux
» yeux de Dieu. » (*Lettre du* 2 *septembre* 1852.)

Ainsi parlait mon frère, après onze ans de mariage. Mais comme, à cette époque, il vivait encore sous mon aile, on dira peut-être qu'il ne parlait ainsi que pour assurer la paix de son intérieur.

Voici donc des extraits de sa correspondance après notre séparation :

« Il est de mon devoir de déclarer qu'entre mon frère et
» ma femme il n'y a rien contre les mœurs, c'est ma pro-
» fonde conviction. » (8 *août* 1855.)

« Si on l'attaque sous le rapport de la conduite, ainsi
» que sa belle-sœur, défends-les. » (3 *septembre* 1856.)

Ces deux lettres si explicites ont été écrites par l'époux dans sa solitude, sous les impressions les plus fâcheuses, et respirent, en tout le reste, le plus profond ressentiment. Et à qui, dira-t-on, sont-elles adressées? Cela est, en effet, digne de remarque : elles sont adressées à M. Roy, notre frère aîné, propriétaire à Tannay; au chef même de notre famille, le confident le plus naturel et le plus intime de tous ses secrets.

Tous ces documents seront produits.

J'avais donc raison de le dire : la troisième et dernière accusation est, à tous égards, aussi fausse que les deux premières. Si quelque passion anime mon frère contre moi, ce n'est à aucun degré celle qu'on a supposée. Tout injuste qu'elle est, sa passion a un autre objet bien déterminé, et ne l'aveugle guère que dans ce qui a rapport à cet objet : il cherchera à faire partager aux autres ses préventions, parce qu'elles sont sincères ; mais il va au-devant des malentendus et ne veut donner le change à personne.

Il en était au moins ainsi avant le jour néfaste où M. l'abbé Véron entra en relation avec mon frère (1), incident sur lequel nous reviendrons bientôt avec de nouvelles lumières.

V

Révélations douloureuses, mais indispensables.

Je voudrais maintenant, sans le blesser, si faire se pouvait, expliquer peu à peu la passion qui domine et gouverne mon frère. Passion est ici peut-être un mot impropre ; à ce degré, du moins, toute passion est une maladie ; aussi mon frère est-il plus digne de pitié que de blâme. Il est d'autant plus digne de pitié qu'il ne se doute pas des sentiments qu'il inspire à tous ceux qui le connaissent (2). Je

(1) Voy. mon *Mémoire détaillé*, chap. IV, p. 36 et 37.

(2) Mon honorable avocat produira au Conseil de très nombreuses lettres signées de personnes dignes de foi et justement estimées, qui s'expriment à ce sujet sans détour. M. le promoteur pourra en prendre connaissance et les communiquer à mon frère.

me trouve pourtant, à cette heure, plus à plaindre que lui, car c'est, en pareille matière, le dernier degré du malheur que d'avoir à combattre, ou pour mieux dire, à désarmer un tel adversaire.

Et puis, quand j'y aurai réussi, chose trop facile, comment me réjouir de cette victoire! Toute ma vie en sera attristée. Des pièces que j'ai à produire, pour ma défense, il résulte invinciblement de deux choses l'une, ou que mon frère a commis sciemment, avec préméditation, et dans des vues cupides, une dénonciation calomnieuse, ou qu'il ne sait plus ce qu'il fait. Je crois devoir, pour mon compte, me ranger à ce dernier avis, sans prétendre, néanmoins, influencer mes juges, et en leur laissant, lorsqu'ils m'auront entendu, la liberté du choix. Mais, encore une fois, fallait-il mêler mon frère à ce procès? M. le promoteur m'avait donné, avant ce dernier coup, assez de sujets de larmes. Il devait lui suffire que j'eusse à me défendre contre lui et les étranges auxiliaires qu'il m'avait envoyés; une justification est toujours chose pénible, tandis que rien n'est plus aisé que de ternir, quand on le veut, la réputation d'un honnête homme. Si l'on allait saper, dans l'ombre, les fondements du temple, il en rejaillirait de la poussière jusque sur les vases de l'autel.

VI

Le séminaire.

Mon frère aurait voulu, dans sa jeunesse, embrasser l'état ecclésiastique. Il entra au grand séminaire d'Issy, et malgré sa bonne conduite, ses maîtres jugèrent à propos de l'éloigner d'une carrière qui, à la vérité, pour être bien remplie, n'exige guère que des vertus, mais où le bon sens est quelquefois, là plus qu'ailleurs, une indispensable vertu.

Le vénérable abbé Gosselin, supérieur de cette maison, m'écrivait, à ce sujet, le 6 octobre 1836, une lettre qui sera produite, et de laquelle j'extrais le passage suivant : « Ce » jeune homme est sans doute plein de bonne volonté ; il est » d'ailleurs véritablement pieux et régulier. Mais sous le » rapport des talents, il laisse beaucoup à désirer. *Il annonce* » *peu de pénétration et de jugement, et sous ce rapport* » *il a été constamment le plus faible de sa classe. Je le* » *crois peu propre aux études de raisonnement.* »

Ce manque de jugement, signalé avec tant de sagacité par M. l'abbé Gosselin et par le respectable abbé Carbon, qui vit encore, va éclater bientôt dans tous les actes de la vie de mon pauvre frère.

VII

La préfecture de police.

Après un an ou deux de séjour en province, mon frère revint à Paris, entra dans une maison de librairie et s'y comporta fort bien ; mais il logeait loin de moi, et un beau jour, le 14 mai 1840, j'appris avec stupeur qu'il avait été arrêté dans son domicile et incarcéré à la préfecture de police. Une femme était mêlée à cette triste affaire, où il ne joua, pour sa part, qu'un rôle de dupe. Il fut bientôt, à ma diligence, remis en liberté. Mais la nature de la prévention

qui l'avait conduit là m'imposait le devoir de le retirer chez
moi, de veiller de près sur ses mœurs, et, si la chose était
possible, de l'aider à se marier, afin que nous fussions deux
à le protéger.

Son mariage, il n'est que trop vrai, n'a pas été heureux ;
je n'en veux pas, je le répète, dévoiler ici toutes les causes :
il en est qui ne touchent que madame Roy et qu'elle seule
aurait le droit de mettre en lumière ; mais il en est qui ne
touchent que moi et qu'il est indispensable de faire con-
naître.

VIII

Le testament de M. le curé de Saint-Paul-Saint-Louis.

Mon frère s'imagine qu'il aurait dû être l'héritier ou l'un
des héritiers de M. l'abbé Roy, notre cousin, curé de Saint-
Paul-Saint-Louis, décédé en janvier 1839. C'est chez lui
une idée fixe, fort antérieure à son mariage, et qui l'a
rendu insensible à tous les sacrifices que j'ai faits pour lui
depuis son enfance.

Dès le 1er février 1839, écrivant à notre oncle en deuil
de son vertueux fils, il lui donnait à entendre que j'avais
pillé la maison du défunt. Trois mois plus tard, le 5 juin,
il accusait, non pas moi, mais le défunt lui-même, d'avoir,
par son testament, *violé les lois civiles et ecclésiastiques*,
en léguant 10,000 fr. aux prêtres infirmes, c'est-à-dire pour
aider à la fondation de l'hospice Marie-Thérèse. Il voulait
attaquer cette disposition, prétendant que Mgr de Quélen,
à qui j'avais remis ce dépôt, m'avait *corrompu*, en son

absence. « Je crois, disait-il en parlant du feu curé de
« Saint-Paul, qu'*il en a eu un remords de conscience...,*
» *mais ce n'est pas la plus grande injustice de sa part ; il*
» *en est une autre qui ne s'effacera jamais... »*

Et à qui mon frère tenait-il ce langage, si irrévérentieux
pour le saint archevêque et pour la mémoire d'un parent
universellement vénéré ? On ne le croirait pas. Au vieux
père du curé de Saint-Paul !

La lettre sera produite.

IX

L'héritage paternel.

Pour édifier le conseil sur la valeur de ces accusations,
je suis obligé de dire que le très modeste héritage de notre
père commun a soulevé dans cet esprit malade, et au lit de
mort du vieillard, plus de défiances et plus de colères que
le testament du curé de Saint-Paul. Mais ce n'est pas sur
moi cette fois, c'est sur notre frère aîné que l'orage a
éclaté.

« *Il paraît,* lui écrivait-il le 31 octobre 1845, *que le*
» *démon s'est emparé de toi, et qu'il t'agite en tout sens.*
» *La rage de l'enfer te précipite avec une incroyable fu-*
» *reur sur les restes encore vivants d'un pauvre vieillard*
» *qui est sur le bord de la tombe. Misérable ! tu la lui creuses*
» *tous les jours ! Je ne te souhaite aucun mal ; mais...*
» *un jour viendra où tu tendras ta langue : je serai du*
» *nombre de ceux qui se riront de toi et te tourneront le*
» *dos... Ta conduite te coûtera cher ; ne m'appelle ja-*
» *mais ton frère, si tu ne veux me faire rougir... »*

Je ne puis transcrire ici, à cause de sa longueur, une nouvelle lettre en date du 20 novembre 1858 : elle est empreinte du plus violent délire ; l'auteur y revient sur les captations d'héritage dont il se croit victime ; il compare notre bon vieux frère, à qui il écrit, à *Cartouche et à Mandrin*, parle de le *museler*, repousse avec hauteur les conseils qu'on lui donne, et ce tissu de visions et d'extravagances finit ainsi :

« Malgré les vexations qui me poursuivent, je n'ai ja-
» mais, crois-le bien, appelé la vengeance sur mes enne-
» mis. O mon Dieu ! Vous qui connaissez le secret des
» cœurs, vous savez que souvent je me suis offert en holo-
» causte, en invoquant votre miséricorde ; si pourtant,
» malgré mes supplications, le bras de votre justice s'appe-
» santissait un jour sur les auteurs de mes maux, je ne
» pourrais m'empêcher de m'écrier : Vous êtes juste, Sei-
» gneur, et vos jugements sont équitables : *justus es,*
» *Domine, et rectum judicium tuum.*

» P. S. Cette lettre renferme des choses qui peuvent
» être au-dessus *de ta portée.* Des personnes plus instruites
» que toi pourront t'en donner l'explication. Cette lettre
» est la dernière que tu recevras de moi. J'espère que tu
» sauras imiter ma réserve ; autrement je me verrais
» forcé de te retourner par la poste toutes celles que tu
» oserais m'adresser. »

Ces deux pièces et d'autres du même genre seront produites.

X

Premières observations sur cette correspondance.

Il y aurait peut-être pour un médecin bien des remarques à faire sur cette bizarre et volumineuse correspondance.

1° On vient de voir que l'auteur avait rompu deux fois avec notre frère aîné, en l'accablant d'injures, d'abord en 1845, puis en 1858. Cela n'empêche pas qu'il n'ait continué à lui écrire, à le prendre pour confident de ses affaires quoiqu'il l'accuse de *perfidie*, et à lui donner procuration pour vente d'immeubles et maniement de fonds, quoiqu'il le mette au-dessous de *Cartouche*.

2° A l'indiscrétion la plus verbeuse il joint toujours des airs de mystère. On trouvera, dans presque toutes ses lettres, des phrases comme celles-ci : *garde le silence, n'en dis rien à personne*. Il semble que tout ce qu'il dit soit secret d'État.

3° Il tient pourtant à savoir ce que font les autres et ce qu'ils disent, notamment sa sœur ou son neveu, ou tel autre ennemi imaginaire. Il est sans cesse aux écoutes et veut que ses correspondants espionnent, pour l'en informer, tout ce qui se passe autour d'eux. On dirait un préfet de police donnant des instructions à ses agents.

4° Il se dit toujours très pressé.

Ce sont là des signes bien connus des médecins, il y en a d'autres; mais je ne veux pas m'y arrêter. Allons au vif.

On l'a vu : je ne suis pas seul en butte aux agressions maladives de mon frère. Morts et vivants, curés et archevêques, amis, parents, sœurs, frères, neveux et nièces personne n'y échappe. Le monde n'est composé, à ses yeux, que de brigands, et cela s'explique : mon frère a un sentiment très vif de la propriété ; mais ses idées là-dessus sont un peu vagues, et il discerne mal le droit d'autrui. Tout ce qu'on lui donne, il le tient pour dû, et ce qu'on ne lui donne pas, il se figure qu'on le lui prend. Dès qu'il se croit lésé, et il croit toujours l'être, il ne s'appartient plus ; il appartient, d'abord, à la revendication, puis à la haine, et sa haine est patiente, implacable, furieuse, car elle n'est en lui, j'aime à le croire, qu'un égarement de l'esprit de justice. Mais cet égarement va si loin qu'il peut avoir pour les autres et pour lui-même des conséquences terribles.

XI

La parcelle de pré.

L'an dernier, par exemple, M. le juge de paix de Tannay a eu toutes les peines du monde à empêcher mon frère d'intenter un procès à mon respectable ami, M. Perrot (1), et à moi-même, pour un lopin de pré où il prétendait 8 francs de rente.

Cette parcelle de pré qui lui faisait envie, mais que j'ai donnée à un de mes neveux, dans le bien duquel elle était enclavée, reviendra bientôt, dans la correspondance de mon frère, de la façon la plus tristement significative.

On ne le croirait pas, si je n'en apportais la preuve ;

(1) Parent de M. Perrot, juge au tribunal de la Seine, et lui-même fonctionnaire en retraite.

cette parcelle de pré, où un agneau trouverait à peine sa pâture, voilà, grâce à la prudente intervention de M. l'abbé Véron, l'origine des dénonciations calomnieuses, et le plus solide fondement du procès scandaleux qui m'amène, en suppliant, devant le conseil d'État.

Mais avant de mettre ce fait dans tout son jour, j'ai encore quelques points à éclaircir. Qu'il me soit permis de reprendre les choses d'un peu plus haut.

———

XII

Pourquoi mon frère a quitté sa famille.

On a pu entrevoir déjà, d'après ce qui précède, les causes principales qui ont déterminé mon frère à se séparer de sa famille en 1855. Il m'avait toujours considéré en secret comme un spoliateur de son héritage, c'est-à-dire de l'héritage que M. le curé de Saint-Paul n'avait pas cru devoir lui léguer ; il me considérait, en outre, comme un tyran, parce que je n'entrais pas dans toutes ses passions, et m'efforçais de rectifier son jugement et d'éteindre ses haines.

En 1852, il voulait plaider contre un sien neveu ; je m'y opposai, car, même en supposant que sa plainte fût fondée, il vivait près de moi dans une situation qui lui permettait de faire à la paix de notre famille et à la décence publique de plus grands sacrifices que celui dont il s'agissait. « Si j'avais à ma disposition, écrivait-il alors à sa femme, » une somme de 400 fr., nous ferions marcher l'affaire. » Mais que faire dans ma position, *quand on a les pieds et*

» *les mains liés ! Je ne puis faire que ce à quoi mon frère*
» *veut bien consentir, S'il voulait abandonner ses droits,*
» *à cause de sa soutane, ce n'était pas une raison pour*
» *que j'abandonnasse les miens. En conséquence de cela*
» *je ne veux pas volontairement continuer une position*
» *dont je sens aujourd'hui plus que jamais les graves*
» *inconvénients. Voilà ma détermination... »*

Ainsi, j'étais un tyran, à ses yeux, et il pensait déjà à me quitter, parce que je l'empêchais de plaider, pour une peccadille, contre notre neveu.

J'étais encore un tyran parce que je m'efforçais quelquefois de soustraire ses petits enfants, non à sa légitime autorité, mais à des violences sans excuse, qu'il prenait sérieusement pour des actes d'indispensable justice. Il pensait que mon intervention, si naturelle à tant de titres, était une offense à la dignité paternelle.

Sombre, inquiet, mécontent de cette salutaire dépendance, il jouissait de mes bienfaits sans reconnaissance, et son chagrin venait de n'en pouvoir jouir ailleurs et sans contrôle. Il nourrissait l'espoir de s'affranchir de ce prétendu joug, d'être son maître absolu, et de se faire loin de moi, mais avec mes propres ressources, cette position souveraine pour laquelle il se croit né, et dont la seule perspective épouvantait sa femme.

Ma nomination à Saint-Philippe du Roule lui fournit enfin l'occasion de rupture qu'il cherchait : il se refusa à me suivre sur cette nouvelle paroisse, se flattant de me contraindre, par sa résistance, à lui faire une pension pour lui et son ménage, et voulant aussi que je l'aidasse à contraindre sa femme, même par la famine, à demeurer prés de lui. Mais eussé-je, en ce moment, abandonné à mon frère tout mon avoir, l'arrangement qu'il proposait n'eût pas été accepté.

Madame Roy, je l'ai dit, en était effrayée, et à bon droit, pour elle et ses enfants. Plus il rêvait l'indépendance, plus sa pauvre famille croyait avoir besoin de ma protection.

« Mon frère, écrivait-il à un de nos amis, le 17 juin 1854,
» ira prendre possession de sa place à Saint-Philippe du
» Roule; mais *des raisons de haute importance me font*
» *éprouver le vif regret de ne pouvoir l'y suivre.* La peine
» que j'en éprouve égale la sienne. Depuis longtemps
» j'éprouve le besoin d'être seul avec ma femme et mes
» enfants. C'est, du reste, la prérogative et le droit de tout
» père de famille, sous quelque latitude que ce soit. De
» grandes obligations me seront imposées, je le comprends,
» et j'espère, avec la grâce de Dieu et l'*aide de mon frère,*
» m'en acquitter en conscience. *Dès lors, je me chargerai*
» *de l'instruction et de l'éducation de mon plus jeune,*
» *abandonnant la fille à la mère....* Je veux instruire mon
» enfant au cabinet et *à la promenade. Le matin, les*
» *Champs-Elysées* (voisins de Saint-Philippe du Roule) *ne*
» *sont pas propres à cela. Les voitures et les chevaux qui*
» *font à son âge* (l'enfant avait six ans) *toute sa passion,*
» *lui donneraient des distractions. Le bois de Boulogne*
» *encore moins, car à l'heure où j'écris, je viens d'apprendre*
» *la nouvelle d'un suicide qui vient encore de s'y com-*
» *mettre. C'est un lieu où l'on ne saurait guère l'édifier.*
» *Il faut soustraire les enfants à toutes ces funestes impres-*
» *sions* (1). »

Telles sont *les raisons de haute importance* que mon frère invoqua, mais très sérieusement, à l'appui de sa résolution. On eut beau dire, il y persista. Que devais-je faire? Je consultai l'archevêché; on connaît la réponse qui me fut faite :

(1) La lettre sera produite.

« Emmenez la femme et les enfants, » me dit M. Buquet.

Le vénérable archidiacre n'a pas à se repentir de ce conseil, car, d'une part, madame Roy était bien résolue à fuir, avec ses enfants, l'inquiétant tête-à-tête rêvé par le mari ; d'autre part, et l'on en peut déjà juger par tout ce qui précède, quel instituteur à laisser à ces pauvres enfants !

XIII

De la conduite de mon frère avant la visite de M. le promoteur.

Nous partîmes ; nous espérions encore que mon frère ne tarderait pas à nous rejoindre. Il resta à l'écart, et pour tout signe de vie, se borna à demander par écrit, en 1855, son extrait de naissance, sa commission d'employé des postes, son diplôme de bachelier, sa timbale d'argent, et quelques aunes de toile. Il demandait aussi, notez ce point, qu'on lui envoyât ses enfants une fois la semaine, à quoi on lui répondit, pour l'attirer, que la porte lui était et lui serait toujours ouverte. Il ne vint pas.

En ce temps-là, le 5 septembre 1855, il écrivait à notre frère aîné, qui l'engageait à se rapprocher de nous : « La » *ruption* vient de leur côté, et non du mien. » Il ajoutait en post-scriptum : « Ne parle de mes lettres à personne ; » il faut éviter de faire causer le public. *Je n'ai rien à espé-* » *rer de notre frère, puisque je sais d'une manière certaine* » *que* JE SUIS DÉSHÉRITÉ. *Toutes ses affaires sont arrangées* » CONTRE *moi.* » La lettre sera produite, car la pensée dominante, l'idée fixe de mon malheureux frère s'y reproduit à nu : ce n'est pas l'éloignement de sa femme et de ses enfants, c'est cet héritage qui le tourmente. A quoi bon rentrer sous le toit fraternel ? Que lui font les douceurs de cette vie commune ? Il sait, dit-il, d'une manière certaine, qu'il ne disposera pas à son gré de ma succession ; à la vérité, il sait très bien aussi que sa famille n'y perdra rien ; mais qu'importe ! Il consentirait à être personnellement mon héritier, même de mon vivant, mais il ne voit qu'avec tristesse ces avantages qu'il convoite pour lui-même assurés à ses propres enfants.

Mon frère, cela n'est que trop évident, n'a nulle conscience de la gravité de cet état moral. Il est, je crois, l'esclave involontaire et malheureux de quelques appétits funestes, bizarrement associés en lui aux principes qu'il a puisés dans son éducation religieuse. « J'ai porté la sou- » tane, » écrivait-il le 20 novembre 1858, dans une lettre déjà citée et toute remplie d'injures et de malédictions contre ses deux frères ; « j'ai porté la soutane *qui m'a tou-* » *jours inspiré le respect pour les autres et pour moi-même ;* » *c'est en me revêtant de ce saint habit que je prononçais* » *tous les matins ces paroles : Seigneur, c'est vous qui me* » *rendrez mon héritage.* »

Voilà sa prière accoutumée, celle où il est question d'héritage ; il veut prendre Dieu pour complice de ses convoitises, et n'y réussissant pas, il se tournera bientôt du côté de l'archevêché. Mais c'est un hommage à lui rendre, il ne pensait nullement à l'archevêché avant la visite de M. l'abbé Véron.

XIV

De la visite de M. l'abbé Véron.

Je m'en réfère, quant à cette démarche, à ce que j'en ai dit dans mon *Mémoire détaillé*, ch. IV, p. 38 et 39, et j'en puis faire confirmer les détails par le témoin infiniment respectable à qui mon frère les a rapportés. C'était en 1859, qu'on veuille bien le remarquer, car toutes les dates vont avoir désormais une grande importance ; M. Véron faisait alors sa prétendue enquête, à la suite de laquelle on m'obligea, sans jugement et sous menace de retrait de pouvoirs, d'éloigner ma famille du presbytère. Le témoin vénérable dont j'ai parlé, apprenant que mon frère avait figuré dans cette enquête, alla le voir, au mois de juin, et lui dit : « Vous avez donc fait des démarches contre votre frère ? — » Pas du tout, m'a-t-il répondu (je copie la lettre du témoin) : » pas du tout ; *M. Véron est venu chez moi et il a paru* » *surpris de l'apparence chétive de mon logement et de ce* » *que mon frère me laissait dans une pareille pénurie* (1)... » *M. Véron m'a dit: Étes-vous bien sûr que ces enfants* » *sont à vous ?* — Et en même temps (c'est le témoin qui » parle) l'œil de ce pauvre M. Roy s'animait du feu terne » qui caractérise les fous. — Et qu'avez-vous répondu à » M. Véron? Il n'a su que me dire; *il a encore répété que*

(1) Mon frère touche à l'administration des postes un traitement annuel de 2,400 francs. Il est, en outre, propriétaire à Tannay. Point de dettes. Aucune charge domestique. Il s'en est entièrement affranchi. Avec les goûts qu'on lui connaît, il doit avoir et j'affirme qu'il a des épargnes et les accroît chaque année.

» *M. Véron lui avait demandé s'il en était bien sûr*, et
» là-dessus son regard s'animait du feu de la folie. — Mon
» cher ami, ai-je répliqué, je suis singulièrement étonné
» que M. Véron ait eu l'inconcevable idée de vous adresser
» une pareille question ; *je vois que vous avez été plus*
» *sage que lui* (1)... »

Depuis ce jour, mon frère n'a plus eu de repos, non que
les insinuations de M. le promoteur eussent tant soit peu
troublé sa sécurité paternelle, mais uniquement parce
qu'il avait vu ou cru voir dans les dispositions de l'archevêché un moyen de satisfaire sa cupidité. C'est cette arrière-
pensée qui allumait dans ses yeux, lorsqu'il racontait son
entretien avec M. Véron, *ce feu terne* dont parle le témoin.
En effet, à cette époque, et plus tard encore, j'en appelle à
M. Buquet, qui l'a mandé et interrogé dans son cabinet, il
repoussait avec énergie les infâmes soupçons si légèrement
accueillis et propagés par M. le promoteur. Mais, d'un
autre côté, il prétendait, sans pouvoir l'établir, que je lui
devais 10,000 francs, et voulait qu'on les lui fît rendre.

Il était assez difficile, on le conçoit, que M. Véron se fît
une arme contre moi d'une pareille prétention ; aussi les
choses en sont-elles restées là, pendant près de deux ans encore. Au lieu de combattre les faiblesses de mon frère, on les
caressait. « Les messieurs de l'archevêché, disait-il, m'ont
» félicité de la douceur et de la modération dont j'ai fait
» preuve dans l'exposé de mes griefs (2). » On ne se bor-

(1) Extrait d'une lettre de M. X..., en date du 24 juin 1859, cotée (pour
mémoire) n° 7 des pièces justificatives. Non-seulement cette lettre sera produite, si on l'exige, mais l'auteur lui-même est prêt à comparaître devant
qui de droit, pour raconter plus amplement, et sous la foi du serment, cet
étrange entretien et l'impression qui lui en est restée.

(2) Lettre de M. X..., déjà citée, en date du 4 juin 1859.

naît pas à le féliciter de ses vertus, on lui apprenait, par l'exemple, à ne pas les pousser si loin : on remplissait son âme de toutes les calomnies ramassées par M. Véron dans son inqualifiable enquête, et pour le toucher au plus vif, on lui parlait du prétendu luxe de sa femme ; on est allé jusqu'à lui dire que j'employais à cet usage l'argent que j'aurais dû consacrer aux pauvres, et que ce scandale était public (1). Remarquez bien qu'on ne me disait pas cela à moi-même : M. l'abbé Véron choisit ses confidents.

Les choses, néanmoins, traînèrent ainsi près de deux ans. Mon frère ne pensait qu'à l'argent, et M. Véron pensant à autre chose, on ne s'entendait pas. D'où il est aisé de conclure que l'enquête n'avait rien produit dont on osât faire usage, et que l'on n'était pas dupe des calomnies dont on se faisait l'écho. Si l'on eût cru à ces propos, je n'étais pas seulement, aux yeux de mes supérieurs, un prêtre indigne, j'étais, s'il est possible, quelque chose de pis ; on m'eût par conséquent assigné à l'instant même, soit devant l'officialité, soit devant l'archevêque, pour me faire infliger la pénitence due à mes fautes ; on ne m'eût pas laissé pendant deux ans dire la messe, prêcher, confesser, administrer le trésor des pauvres, scandaliser les familles, et commettre tous les jours tant de sacrilèges. Cela n'est pas permis ; la charité même le défend. Donc, on ne croyait pas un mot des abominations qu'on me prêtait. Pourquoi donc les répandre, si l'on n'y croyait pas ?... On n'a pu à la fin invoquer contre moi que la contravention au monitoire du 8 août 1861, et l'on a hésité cinq mois à l'invoquer, tant le monitoire est excessif et la contravention excusable.

C'est au milieu de ces hésitations qu'éclata, au mois de

(1) *Ibid.*

novembre 1861, l'affaire du pré dont il a été parlé dans un chapitre précédent. Cet incident changea la face des choses.

XV

Lettre de M. Bezou, juge de paix, à mon frère.

Je ne voudrais pas ennuyer le conseil des détails d'une affaire qui, de risible qu'elle était, est devenue odieuse. Mais elle se rattache si intimement à la procédure de l'archevêché, et elle a eu des suites si imprévues et si terribles, qu'il est indispensable d'en donner, avant d'aller plus loin, une claire idée. Ce que j'en pourrais dire moi-même serait suspect; je vais donc laisser la parole à un magistrat.

Voici la lettre que M. Bezou, juge de paix de Tannay, écrivait à mon frère, le 18 décembre 1861 :

« Monsieur ,

» J'ai effectivement engagé votre neveu, Hippolyte Roy, à
» ne point exécuter l'ordre que vous lui donniez d'assigner
» M. Perrot. Mon motif à cette exhortation était *le mal*
» *fondé de vos prétentions, tout autant que le désir d'é-*
» *viter le scandale d'un procès entre vous et votre frère,*
» car M. Perrot n'est que le mandataire de votre frère, et il
» n'a dans la question aucun intérêt personnel.

» J'espère grandement que vous changerez d'avis, et que
» vous renoncerez à votre action, lorsque je vous aurai rap-
» pelé les faits de votre affaire, *faits que vous me semblez*
» *un peu perdre de vue.* Les voici :

» Le 20 novembre 1843, M. et madame Roy, vos père et
» mère, font le partage anticipé de leurs biens immeubles
» entre leurs quatre enfants. Dans ce partage, il vous est
» attribué un pré, contenant environ 36 ares, situé aux
» Chaumottes. Dans la désignation des aboutissants de ce
» pré, *on commet une erreur* : on indique, au lieu de votre
» tante, Marie-Anne, veuve de Guillaume Roy, un autre
» voisin. *Vous induisez de là qu'il s'étend jusqu'au voisin*
» *désigné, qu'il vous appartient tout entier,* et que la suc-
» cession de votre tante n'a rien à y prétendre.

» Or, le pré en question ne contient pas seulement
» 36 ares ; il est réputé contenir, suivant les mesures loca -
» les, deux journaux (48 ares). Votre père en possédait les
» trois quarts, un journal et demi (36 ares) ; votre tante
» *un demi-journal* (12 ares) ; la *matrice cadastrale,* sur
» laquelle la mutation n'a point encore été opérée pour la
» succession de votre tante, *porte le pré des Chaumottes en*
» *deux parcelles, l'une de 34 ares et des centiares* en votre
» nom (c'est ce qui était antérieurement possédé par vos
» père et mère) ; *l'autre de onze ares et des centiares,* au
» nom de la veuve Guillaume Roy ; c'est celle qui dépend
» de la succession de votre tante.

» Votre tante a constamment joui de son vivant de ces
» onze ares. Elle est décédée le 10 octobre 1850, sept ans
» après le partage des biens de vos père et mère ; elle n'a
» point figuré à ce partage. *A qui ferez-vous comprendre*
» *que ce qui lui appartenait a pu vous être attribué par*
» *vos père et mère ?*

» *Votre frère a été appelé par testament à recueillir la*
» *succession de votre tante ; il a fait, au bureau de l'enre-*
» *gistrement, une déclaration dans laquelle il a compris*
» *les onze ares du pré des Chaumottes ; il en acquitte*

» *depuis lors les impôts, comme votre tante les acquittait*
» *avant lui; il en a jusqu'à ce jour touché les fermages*
» (8 FRANCS !), *et vous viendriez aujourd'hui prétendre que*
» *ces 12 ares vous appartiennent,* PAR CELA SEUL QU'IL Y A,
» *dans le tenancement du partage, une indication erronée!*
» *En vérité, monsieur,* CETTE PRÉTENTION N'EST PAS SOUTE-
» NABLE : *je vous engage à l'abandonner.*

» Dans le cas, cependant, où vous y persisteriez, *il ne*
» *me semble pas convenable que votre neveu soit votre*
» *mandataire, qu'il plaide pour un de ses oncles contre*
» *un autre de ses oncles,* et je crois que vous ferez bien
» d'en choisir un autre.

» Si les explications que je vous donne, et que j'abrége,
» à défaut de temps, vous paraissaient insuffisantes, *faites*
» *lire ma lettre par un avocat, un avoué, un homme d'af-*
» *faires quelconque, et la personne à qui vous vous*
» *adresserez vous convaincra.* »

Copie de cette lettre m'a été transmise par l'honorable
magistrat de qui elle émane et sera communiquée au conseil.

A présent que la lumière est faite sur ce point, reprenons
les choses à leur origine, c'est-dire au 2 novembre, et
suivons-en le cours.

XVI

La dénonciation. — Lettre de M. Buquet.

Le 2 novembre 1864, mon malheureux frère charge un
de nos neveux de réclamer auprès de M. Perrot les arré-

rages qu'il prétend lui être dus sur la parcelle de pré de onze ares dont il est question dans la lettre précédente.

Le 7 novembre, nouvelle lettre : «... Ce sont, dit-il, en » parlant de moi et de M. Perrot, *des gens qui s'enten-* » *dent pour me dépouiller ; ils pensent que je ne suis pas* » *assez petit, et ils voudraient m'écraser, s'ils le pou-* » *vaient. C'est le riche contre le pauvre ; c'est le fort con-* » *tre le faible.... c'est une infamie. Il y a longtemps que* » *M. Perrot fait chorus avec M. de Neuilly, c'est à la* » *connaissance de tout le monde ; cela ne fait pas hon-* » *neur à son caractère ; dis-le-lui de ma part. En con-* » *séquence, mon cher ami, prends ma première lettre et* » *celle-ci, puis va trouver M. le juge de paix.... »*

Le 18 novembre, autre lettre au même : « Aussitôt que » j'aurai reçu ta réponse, je t'enverrai ma procuration » pour citer devant le juge de paix M. Perrot, *le complice* » *de M. de Neuilly. »*

Le 28 du même mois, autre lettre : « Je t'envoie ma » procuration.... Conduis cette affaire rapidement. *J'exige* » que M. le juge de paix accorde le moins de délai possible » à M. Perrot, *car la somme est minime. Je veux savoir* » *si ce mauvais drôle de Neuilly a un titre.... »*

Avant 1859, mon frère, dans ses plus grands égare-ments, n'avait jamais employé à mon égard de telles ex-pressions. On sent déjà qui il fréquente.

Cette même lettre du 28 novembre contient un post-scriptum, que je recommande aux méditations de mes juges :

«... N'en dis rien, mais des choses fort graves sont à la » veille de se passer entre M. de Neuilly et moi. Surtout » du silence. Il se repentira d'avoir voulu toucher a mon » pré. Je ferai tout ce qu'il me sera possible de faire,

» *attendu que c'est un gueux.* Nous devons gémir et rou-
» gir d'avoir dans notre famille un être aussi abominable
» et aussi exécrable ; il faut le renier pour notre honneur
» à tous. »

Qui donc a dit à mon frère qu'il se passerait des choses
si graves ? Où a-t-il puisé cette confiance que je ne tarde-
rais pas à expier mes prétendus torts ? Il n'a jamais passé
pour prophète. D'un autre côté, je m'étonnerais que
l'administration diocésaine lui eût fait part de ses projets,
et je suis sûr que si mon frère, avant d'écrire, fût allé à
l'archevêché, il en eût rapporté des sentiments plus équitables et surtout plus charitables. C'est un gueux, dit-il en
parlant de moi ; *il se repentira d'avoir voulu toucher à
mon pré !* Voilà son grief, et le seul, dans ses épanche-
ments intimes. *Je ferai*, ajoute-t-il, *tout ce qu'il me sera
possible de faire*, et il n'y a pas manqué, car, sans attendre la décision qu'il demandait au juge civil, il alla se
plaindre à l'administration diocésaine. Si quelqu'un dut en
être surpris, ce n'est pas M. Véron. On lui dit : Faites un
mémoire ; il le fit et le porta.

M. Buquet voulut bien m'en informer le 9 décembre par une
lettre tout officieuse et amicale. C'est dans ses mains que
le mémoire avait été déposé, avec mise en demeure de le
présenter au conseil archiépiscopal. Le vénérable archidiacre, effrayé de cette démarche, dont il ignorait les motifs, m'engageait paternellement, soit à me soumettre au
monitoire du 8 août, soit à déterminer ma belle-sœur à
quitter la commune de Neuilly. Il ne voyait pas assez clairement, selon moi, que ma soumission, en cette conjonc-
ture, était moralement impossible : on l'eût attribuée aux
terreurs d'une âme coupable, non au sentiment du devoir.

XVII

Suite de la correspondance de mon frère.

Je n'ai point vu ce mémoire, et j'ignore s'il contenait
les calomnies que j'ai réfutées en commençant, sur le mariage forcé et le reste. Il se pourrait que non, car ce premier travail a dû subir, si l'on en croit les apparences,
plus d'une modification. Ce qui est certain, c'est qu'il ne
produisit pas tout d'abord l'effet que l'auteur en attendait.
Il s'en plaignait, le 17 décembre, à notre frère aîné :

« Mes affaires avec M. de Neuilly, disait-il, ne sont pas
» finies.... Il penserait à me faire rentrer chez lui ; mais
» il n'y réussira jamais... Je lui réclame, en ce moment,
» ma dot matrimoniale ; je suis allé plusieurs fois à l'ar-
» chevêché. D'ici à une huitaine, je saurai à peu près à
» quoi m'en tenir. »

Prenons acte, en passant, de cette déclaration du 17 décembre. On voit que mon frère se refuse à rentrer sous
mon toit et ne réclame point sa famille ; il ne réclame, dit-
il, que *sa dot ;* mais il va souvent à l'archevêché, et par
cette raison ou par une autre, sa requête ne tardera pas à
prendre un nouveau tour.

Le lendemain, 18 décembre, arrive à mon frère la lettre
si lumineuse et si sage de l'honorable M. Bezou, juge de
paix de Tannay, ci-devant reproduite.

Que répond mon frère à cette lettre? Il écrit, le 20, à
son neveu : « Toute résistance de ma part serait inu-
« tile. » On croirait qu'il comprend son tort; pas du tout :
« M. de Neuilly est un misérable. *Qu'il prenne garde*
» *de payer sa faute bien cher! D'ici à peu de temps, il*

» *est possible que tu apprennes des choses déplorables.* »

Que se passe-t-il donc? Qu'est-ce qui se prépare? Quelque nouveau factum probablement et quelque nouvelle demande. Mon frère a pris un conseil judiciaire et continue ses visites à l'archevêché. On charge la mine; en attendant qu'elle éclate, étudions encore un moment cette instructive correspondance.

Le 1ᵉʳ janvier 1862, mon frère écrit à notre nièce, Marie Roy, un enfant qui se préparait à faire, dans l'année, sa première communion :

« Je suis bien sensible aux vœux que tu m'exprimes
» dans ta lettre ; je te prie de croire à la sincérité des
» miens pour toi, ta sœur, ton père et ta mère. Sois sage,
» obéissante et bien gentille.

» Rends-toi digne de bien faire ta première communion,
» *et prie Dieu pour moi, pour ton oncle indignement per-*
» *sécuté par un prêtre qui est sans entrailles et qui n'en*
» *aura pas plus pour vous qu'il n'en a pour moi. Rap-*
» *pelle-toi bien ma prédiction et tu verras qu'elle se réali-*
» *sera à la lettre.*

» Dis de ma part à ton père qu'il fasse couper le noyer
» de la vigne ; qu'il tâche de le vendre, *le plus cher pos-*
» *sible, bien entendu, et il m'en enverra l'argent par un*
» *bon sur la poste.* »

Que pense-t-on de ce langage à un enfant et de cette association d'idées? Cet *homme sans entrailles* l'a élevé et nourri; il élève et nourrit ses enfants; il est aimé et respecté de tous ses proches. Et pendant qu'il s'applique à faire le bien, dans la mesure de ses forces, on le calomnie de tous côtés, on le dénonce à ses supérieurs, on se réjouit d'avance du mal qu'on va lui faire, et c'est l'artisan de cette trame ténébreuse qui se dit le *persécuté*. De cette plainte mélancolique, on passe à la vente et à l'argent du noyer, car cela ne s'oublie point.

Le 6 janvier, nouvelles lamentations; mais c'est au neveu qu'il s'adresse, au neveu qui lui a renvoyé sa procuration : « C'est devant le riche, le fort, fût-il un intrus et un » mécréant, qu'on s'incline. Quant à l'innocent, *au persé-* » *cuté, auquel on enlève tout,* à quoi bon s'exposer pour » défendre sa cause? *Il vaut mieux ménager le riche de la* » *part de qui on peut attendre quelque chose pour soi ou* » *pour les siens.* »

Enfin, le 11 janvier, apprenant que le pré en litige a été donné à notre neveu, le *persécuté* écrit à notre frère aîné :

« M. de Neuilly a gagné Hippolyte... Il a voulu en faire » *mon adversaire...* Il ne se sert de sa fortune que *pour* » *nous désunir et assouvir sa haine contre sa famille. C'est* » *abominable de la part d'un prêtre. Je vais en faire* » *prochainement mon rapport à l'archevêché.* »

Je demande pardon au conseil de la longueur de ces citations. Je ne les multiplie pas en haine de mon frère, mais au contraire pour mettre en plein relief un état moral et intellectuel qui, bien constaté, atténuerait singulièrement les reproches qu'il mérite.

XVIII

Accord de M. le promoteur avec mon frère.

On a vu quelles étaient les dispositions de mon frère au 17 décembre : ce n'est pas, d'après son aveu, un rapprochement de famille qu'il désirait; c'est *sa dot.* M. le promoteur l'écoutait et ne bougeait pas. Aussi, au mois de janvier, on changea de batterie ; on parla de réconciliation ; on mit la réconciliation à côté de la dot ; il fallait donner à M. le promoteur le point d'appui moral qui lui manquait. On décida donc mon frère, non sans peine, à exprimer le vœu d'un rapprochement, non avec moi, mais avec sa malheureuse femme. Loin de m'opposer à cette tentative, je promis de la seconder, mais sans aucun espoir qu'elle pût aboutir. Aux griefs anciens, s'étaient ajoutés de nouveaux outrages. En 1859, par exemple, après la visite de M. Véron, mon frère, encore sous l'impression des discours de M. le promoteur, disait au témoin dont on a parlé : « Mes enfants ! si je » les avais sous ma tutelle, je les placerais dans un atelier ; » voilà tout ce que me permet ma position ; et ma femme, » je lui dirais : Laissez là ces chapeaux, cette crinoline ; » faites ma chambre et mon ménage, et ne croyez pas que » vous aurez jamais une bonne. Ah ! je lui tiendrais *la* » *corde serrée...* (1). » En 1862, rien n'annonçait de la part de l'époux des dispositions plus engageantes. Son jugement semblait plus obscurci que jamais, son caractère plus farouche, et il était bien évident que ce n'était pas un sentiment affectueux et un besoin du cœur qui lui dictaient ces propositions de rapprochement. Il les faisait par ministère d'avocat et dans des circonstances qui ne permettaient pas d'en méconnaître le véritable caractère. Il voulait 10,000 fr. et pour les avoir, il demandait sa famille par-dessus le marché.

Le 13 janvier, M. C....., avocat de mon frère, me renouvela par écrit les propositions qu'il m'avait faites de vive voix. Sa lettre, qui sera produite, se terminait ainsi : « Je ne » puis vous dissimuler que le nœud de cette affaire est entiè-- » rement dans vos mains, et que je crois que vous n'avez

(1) Lettre de M. X..., du 24 juin 1859.

» qu'un mot à dire pour opérer *cette réconciliation si dési-*
» *rable, si morale, et qui, dans la position actuelle des*
» *choses, vous importe peut-être plus qu'à tout autre.* »

Je répondis le 15 à M. C..... : « ... Si mon frère a des
» droits, des intérêts à faire valoir, qu'il agisse : je suis en
» mesure de repousser ses injustes prétentions.

» Quant à la réconciliation, personne n'y a travaillé plus
» activement que moi jusqu'au dernier moment de la sépa-
» ration, témoins les deux époux, les enfants, notre bonne
» Victoire et sa fille, ainsi qu'une lettre où mon frère me
» rend toute justice. Mais l'incompatibilité des caractères, le
» souvenir de faits graves reprochés au mari, des sévices
» du père contre les enfants, ont rendu et rendent encore
» aujourd'hui mes vœux et mes efforts inutiles. Aussi suis-je
» résolu à ne plus entendre parler de cette affaire. Que ce
» ménage s'arrange comme bon lui semblera et me donne
» enfin la paix, soit dit tout en déplorant le malheur de la
» mère et des enfants.

» Je ne sais ce que signifie cette phrase de votre lettre
» *que dans la position actuelle des choses , la réconcilia-*
» *tion m'importe peut-être plus qu'à tout autre :* si elle
» renfermait une menace, sachez, monsieur, que les moyens
» d'intimidation ne peuvent rien sur celui qui a pour soi le
» témoignage d'une bonne conscience et celui des honnêtes
» gens. »

Madame Roy, à qui j'avais fait parvenir les propositions
de M. C..., pria cet avocat d'informer son mari qu'elle
n'était point *un objet de spéculation.*

Huit jours après cette reponse, le 24 janvier, j'étais cité
à comparaître devant le tribunal de l'officialité. Cela est
assez clair; *l'affaire,* pour parler comme M. C..., avait
été combinée de manière à contenter à la fois M. le pro-

moteur et mon frère. Tant que mon frère n'avait demandé que de l'argent, l'administration diocésaine s'était bornée à le plaindre et à lui témoigner ses regrets de ne pouvoir le seconder ; pour trouver en elle un appui, il fallait un scandale ; mon frère, qui n'est pas très pénétrant, le comprit à la fin et se décida, à la dernière extrémité, à jouer le rôle d'un mari jaloux, redemandant la femme qu'on lui aurait enlevée.

Le 29 janvier, veille de ma comparution devant le tribunal, ce mari jaloux écrivait à Tannay, à notre frère aîné : « Il n'y a rien à espérer de M. de Neuilly... Il nie tout, » il a dit que si j'avais un titre, je pouvais le faire valoir et » l'attaquer devant les tribunaux, que ses affaires étaient » en règle, et *qu'il ne me devait rien. J'ai porté plainte à* » *l'archevêché ; nous attendons ce que l'archevêché va faire ;* » *mais M. de Neuilly n'est pas dans de beaux draps.* » *Ainsi me voilà frustré de ma rente qui m'était due...* » *J'ai fait pour 200 francs de frais dont l'avocat a profité* » *et qui sont perdus pour moi. Nous verrons maintenant* » *ce que l'archevêché va faire. Ne parle de cela à per-* » *sonne ; il faut attendre, c'est un misérable...* » Suivent des détails sur une terre qu'il veut vendre 3,500 francs, puis des injures contre un fils de sa sœur et contre un des plus vénérables ecclésiastiques du Nivernais, M. l'abbé Pourcher, son parent, curé de la Chappelle-Saint-André (1). De sa femme, pas un mot.

---

(1) « En voilà encore un, dit-il, qui remplit drôlement son ministère ? » Et veut-on savoir d'où vient cette irritation de mon frère contre M. l'abbé Pourcher ? Uniquement de ce que M. l'abbé Pourcher ne l'aurait pas porté sur son testament. Cela résulte d'une lettre de mon frère, en date du 16 décembre 1861, pièce qui sera produite avec les précédentes.

XIX

Mon procès devant l'officialité

C'est dans ces circonstances que je comparus, le lendemain, 30 janvier, devant le tribunal ecclésiastique. J'ai
raconté ailleurs les incidents (1) de ce procès. Je les ré-
sume : les pièces de l'enquête, les plaintes et demandes de
mon frère, rien de tout cela ne fut communiqué ni à moi
ni aux juges. On ne voulut pas que la lumière se fît sur
le fond des choses, et pourtant on demandait contre moi
la condamnation la plus grave pour une simple contravention au monitoire du 8 août. Le tribunal, inquiet de ce
qu'on lui demandait, et trouvant, d'autre part, le monitoire excessif, m'engagea à faire un acte de soumission à
monseigneur, avec prière d'adoucir les défenses. J'obéis.
Ma prière fut rejetée par Son Éminence, et le 6 février, le
tribunal, mis en demeure, prononça, sans autre informé, la
sentence requise.

Je m'y soumis (2). Je signai l'acte dicté par monseigneur
et, de son côté, Son Éminence voulut bien apostiller mon
recours au Saint-Père.

Le 26 février mon pardon arriva de Rome.

(1) Voyez le *Mémoire détaillé*, chap. VII, p, 52 et suivantes.
(2) Voyez le *Mémoire détaillé*, chap. VIII, p. 60 et suiv.

XX

Le marché.

Le même jour, 26 février, je reçus de l'honorable M. Buquet, vicaire général, la lettre suivante :

« Il n'y a pas eu de conseil hier, et je n'ai pu voir mon-
» seigneur l'archevêque depuis votre dernière lettre, parce
» qu'il était en retard pour son mandement et qu'il s'était
» enfermé.

» D'après ce que m'a dit M. Langénieux, Son Éminence
» pense toujours que votre belle-sœur doit venir habiter
» Paris.

» *Il y aurait peut-être un moyen d'arranger tout.*

» J'ai vu M. C... (l'avocat de mon frère) qui m'a dit que
» votre frère était toujours animé.

» *Il pense, lui, que la meilleure solution serait, puis-*
» *qu'il ne paraît pas que les deux époux puissent se réunir,*
» *qu'ils signassent d'un commun accord un acte par lequel*
» *il serait convenu qu'ils veulent vivre séparés pour in-*
» *compatibilité d'humeur.*

» *M. C... dit que l'on pourrait arriver là moyennant*
» *une constitution de rente de 500 fr. Il me semble que*
» *ce ne serait pas* ACHETER LE REPOS *trop cher.*

» Je vous soumets cette idée, comme me l'a soumise
» M. C..., avec une bonne intention. »

Cette communication n'étant qu'officieuse, je priai M. C...
de vouloir bien me transmettre ses propositions par écrit,

ce qu'il fit le 6 mars. Mais il est à remarquer que dans l'intervalle, c'est-à-dire le 28 février, madame Roy, pour complaire à des exigences qu'il serait malaisé de justifier, avait quitté Neuilly avec ses enfants (1). Il est à remarquer encore que, malgré cet éloignement, le pardon du souverain Pontife était resté stérile entre les mains de l'archevêque, et que le 2 mars j'étais de nouveau, et sans débat, déclaré irrégulier, pour avoir donné la bénédiction à mes paroissiens (2). C'est donc le 6, quatre jours après cet incident, que m'arriva la réponse de M. C...

« Il ne m'a pas été possible, me dit cet avocat, de voir
» M. Roy aussitôt que je l'aurais désiré, et c'est seulement
» aujourd'hui qu'il m'est donné de répondre à la dema
» contenue dans votre dernière lettre.
    » M. Roy consent à réduire *l'affaire* qui vous divise à
» une *affaire* purement civile. »
    (Cela n'est pas très clair, mais tout va s'éclaircir.)
    « En conséquence, il demande :
    » 1° Acte de séparation volontaire pour cause d'incom-
» patibilité d'humeur, signé de lui et de sa femme, et auto-
» risant les deux époux à vivre séparés l'un de l'autre,
» et comme ils l'entendent ;
    » 2° La constitution du capital de sa dot sur la tête de
» *ses enfants ;*
    » 3° *Le payement de l'intérêt de ladite somme entre ses*
» *mains a raison de cinq pour cent ;*
    » 4° *Le rétablissement de la bonne harmonie entre lui*
» *et ses enfants .*

(1) Voyez le *Mémoire détaillé*, chap. IX, p. 65
(2) Voyez le *Mémoire détaillé*, chap. X, p. 66.

» *Tout cela fait et réglé, M. Roy donnera son désiste-*
» *ment.* »

C'est donc un marché, et rien de plus, que mon frère me proposait. Pour 500 francs de rente, il retirait sa plainte. Pour 500 francs de rente, il renonçait à revoir sa femme, car sa demande, sur ce chef, n'avait jamais été sérieuse ; ce n'était qu'un moyen de pression et de scandale. Mais, chose étrange et bien significative, il mettait une condition à ce marché : il voulait qu'on le réconciliât avec *ses enfants*, témoins des larmes de leur mère, et assez grands pour comprendre qui les faisait couler. Oui, ses enfants, M. le promoteur ! Il ne veut pas les désavouer, malgré les suggestions de M. l'abbé Véron. Il croit toujours à l'honneur de leur mère, et certes, on ne dira pas que c'est la tendresse conjugale qui l'aveugle, ni la tendresse fraternelle. C'est ici la nature même qui parle avec tous ses instincts bons et mauvais : donnez-lui 500 francs de rente, mais laissez-lui embrasser ses enfants, et sa plainte est anéantie.

Pourquoi, dira-t-on, refuser ce marché ? Je réponds : parce que c'était un marché. J'aurais eu l'air, en y souscrivant, *d'acheter*, comme me le conseillait M. Buquet, la rétractation de mon frère et son silence. Si je fusse entré dans cette voie, non-seulement je me serais dégradé à mes propres yeux, mais j'aurais allumé, par cette concession, de nouvelles convoitises dans le cœur de mon frère. Et puis, que n'eût pas dit M. le promoteur d'un semblable marché ! Quelle arme entre les mains de M. l'archidiacre Véron ! Je m'y suis refusé et, avec un peu de réflexion, tout homme qui se respecte en eût fait autant à ma place.

Ai-je eu tort de ne pas ACHETER LA PAIX ? Je n'en sais rien.

Mais voici, en peu de mots, la suite et le dénoûment de cet étrange conflit.

XXI

Marche et couronnement de l'œuvre.

Le 10 mars, supplique au Saint-Père, apostillée par Son Éminence (1).

Le 2 avril, arrivée de l'absolution papale. Refus d'application par l'autorité diocésaine, sans motif à moi connu (2).

Le 16 avril, ordonnance archiépiscopale qui nomme M. Manoury administrateur spirituel et temporel de la paroisse de Neuilly. Transcription de ladite ordonnance sur les registre de la fabrique (3).

Le 17 avril, jeudi saint, publication en chaire de la susdite ordonnance et du considérant diffamatoire qui la précède (4).

Le 17 mai, pétition de mes paroissiens (5).

Le 23 mai, humble supplique à monseigneur, avec demande d'audience (6).

Le 25 mai, Son Éminence, pour toute réponse, me demande ma démission (7).

Le même jour, signification d'une ordonnance archiépis-

(1) Voyez le *Mémoire détaillé*, chap. X, p. 68.
(2) *Ibid.*, p. 69.
(3) *Ibid.*, chap. XI, p. 70 et 71.
(4) *Ibid.*, p. 72.
(5) *Ibid.* Pièces justificatives, p. 112.
(6) *Ibid.*, chap. XII, p. 77.
(7) *Ibid.*, p. 78.

copale datée du 15 mai, et portant ma déposition du titre de curé de Neuilly. Considérants erronés, captieux et diffamatoires de ladite ordonnance (1).

Le 7 juin, arrêté ministériel, rendu à la requête de l'autorité diocésaine, et tendant à mon éviction du presbytère, *pour cause de mauvaise conduite* (2).

J'ai peu de chose à ajouter aux douloureuses réflexions que j'ai faites sur ces divers documents dans mon *Mémoire détaillé*. Je n'avais pas alors entre les mains toute a correspondance de mon frère, et il ne m'était pas possible d'établir, comme je l'ai fait aujourd'hui, pièces sur table, jour par jour et heure par heure, l'étroite connexité des démarches de mon frère avec les actes si graves, si terribles et, par malheur, si précipités de l'administration diocésaine.

Il est incontestable, par tout ce qui précède, que c'est la dénonciation de mon frère qui m'a attiré le courroux de Mgr le cardinal. Il est également incontestable que monseigneur a été trompé, que cette dénonciation n'est pas sincère, qu'elle part d'un sentiment d'avarice déçue et de vengeance. Il n'est pas moins incontestable que cette dénonciation, dont il était si facile de découvrir le mobile et de vérifier l'inconsistance, a été accueillie et encouragée soit par M. le promoteur, soit par tout autre conseiller de l'administration diocésaine, intéressé sans doute à donner un air de vraisemblance aux calomnies recueillies, fomentées, répandues par M. Véron dans sa prétendue enquête de 1859. On a fait un corps de tout cela pour m'accabler en me fermant la bouche. De sorte qu'on

(1) *Ibid.*, chap. XIII, p. 81 et suiv.
(2) *Ibid.* — *Productions* : pièce n° 26, p. 120.

peut dire, la tristesse dans l'âme, que ce qui a manqué à toute cette procédure ecclésiastique, depuis son origine, en 1859, jusqu'à son dénoûment, en 1862, c'est l'esprit de justice, qui cherche la lumière, et l'esprit de charité, qui met la paix dans les familles, au lieu d'y souffler la discorde. Or, la justice et la miséricorde, dit Jésus-Christ dans l'Évangile, sont ce qu'il y a de plus important dans la loi ; et la foi même ne vient, dans la bouche du divin Maître, qu'à la suite de ces deux vertus. (*Math.* XXIII, 23.)

Le conseil pourra faire, en lisant ce mémoire, une comparaison qui m'a frappé, et qui m'afflige.

Mon frère m'a traduit, presque en même temps, et à propos du même fait, devant deux juridictions. Il me dénonce d'abord au juge de paix ; le juge de paix examine les faits, écoute mon mandataire, et après avoir mûrement étudié la question en ses plus minutieux détails, dit à mon frère : « Vous avez tort ; vos prétentions sont mal fondées ; ne plaidez pas contre votre frère ; pas de scandale ! surtout n'armez pas contre lui votre neveu qui est le sien. »

Inde iræ. Mon frère irrité se souvient alors de la visite de M. l'abbé Véron ; il espère trouver en lui un auxiliaire. Ah ! dit-il en parlant de moi, *il se repentira d'avoir voulu toucher à mon pré. Je ferai tout ce qu'il me sera possible de faire*, et du même pas, il va me dénoncer à l'archevêché. Là, quiconque m'accuse est le bienvenu ; on ne regarde pas à qui l'on a affaire ; on n'examine scrupuleusement ni l'origine, ni le mobile, ni le bien fondé de la plainte ; on se concerte avec le dénonciateur et son avocat ; on me condamne, sans m'entendre ; une fois condamné, on me diffame en chaire et auprès de l'autorité civile ; on me dégrade en hâte : on me met si bas, si bas, qu'on espère que, du fond de cet abîme, ma voix ne sera désormais entenduc de personne. Et si, par hasard, quelqu'un m'entendait, M. le promoteur est bien tranquille: il a contre moi les déclarations de mon frère....

Encore un mot, et je finis : ce sera la moralité du procès.

XXII

Dernière lettre de mon frère.

J'ai entre les mains une autre lettre de mon frère, adressée, à Tannay, à notre frère aîné. Elle est datée du 19 août 1862; tout était alors consommé, et j'étais déjà en instance auprès de S. Exc. M. le ministre des cultes, le conjurant de surseoir à l'exécution des mesures que l'administration diocésaine sollicitait contre moi *pour cause d'inconduite*. Voici donc, en ce moment si douloureux pour moi, ce qu'écrivait mon dénonciateur :

« ... Je n'ai pas voulu t'écrire avant la fin de toutes nos
» affaires. *La guerre entre mon* ENNEMI *et moi a duré six*
» *ou sept mois.* Le malheureux est tombé, mais tombé *par*
» *sa faute.* Il n'a voulu consentir à aucun arrangement (1).
» Il a rejeté jusqu'au conseil de plusieurs de ses amis. *Au-*
» *jourd'hui il est bas. N'en dis rien à personne.* Ce n'est
» pas à nous à le dire aux étrangers ; ils le sauront assez
» tôt sans nous. *J'ai eu beaucoup d'argent à dépenser et,*
» *dans ce moment, je m'occupe à recouvrer quelques fonds*
» *pour payer mon avocat.*

(1) C'est-à-dire à aucun marché.

» *Je viens, en conséquence,* mon cher frère, *te prier de*
» *vendre en mon nom et au meilleur prix possible ma*
» *portion de la terre du buisson Reslut, située sous les*
» *bois.* Aussitôt que tu auras vendu ce quart du champ en
» question, M. Mirot ou toi vous m'enverrez ce peu d'ar-
» gent, *car j'ai hâte de me libérer le plus tôt possible vis-*
» *à-vis de mon avocat.*

» Tu ne saurais croire, mon cher frère, combien tout
» cela a été pénible pour moi. *Quel travail ! Combien*
» *d'écritures ! Combien de pas et de démarches !* Oh ! le
» malheureux ! C'est bien lui qui est cause de tout cela ;
» **LA PORTION DE PRÉ LUI COUTE CHER !** Oui, tout
» cela est *sa faute.*

»... Nous ne devons pas nous réjouir d'une aussi grande
» ruine ; nous ne pouvons que gémir. Voilà, mon cher
» frère, les sentiments qui doivent nous animer, et plai-
» gnons cet aveugle infortuné dans son malheur... »

Que de lumières dans cette triste correspondance ! Quel
jour inattendu sur les ténèbres de ce procès ! Et quel aver-
tissement aussi aux faiseurs d'enquêtes secrètes et aux té-
méraires promoteurs de la justice discrétionnaire ! *Habemus*
confitentem reum; il est là, le coupable, il l'avoue, il en
rit... De sa femme et de ses enfants, il n'en est plus question. Le procès n'est pas là, et cette plainte du mari récla-
mant sa famille n'a été qu'un moyen dont on a leurré Son
Éminence, une pieuse suggestion des alentours. En réalité,
mon frère n'y a pas pensé un moment ; il ne pensait qu'à
son pré. Il n'y a, au fond de cette plainte, que soif d'argent et rancune de plaideur. Il l'avait annoncé et il a tenu
parole : LA PORTION DE PRÉ LUI COUTE CHER. Toute la plainte
est là, résumée en deux mots, et tout le procès, et ma con-

damnation et ses rigueurs, et l'injuste humiliation d'une famille et le scandale du diocèse.

Personne assurément ne sera dupe de cette fausse pitié et de ces prétendus gémissements, qui jurent avec le ton de vengeance satisfaite dont toute la lettre est pleine. Mon frère excelle, on l'a déjà vu, à mêler ces élans d'apparente piété au cri de la convoitise et de la haine ; le conseil en pensera ce qu'il voudra : pour moi, je demande à croire que ce malheureux ne sait pas ce qu'il fait. Il traite en *ennemi* son bienfaiteur et celui de tous les siens ; il fait *tout ce qu'il est possible de faire* contre lui pour le perdre, et il dit ensuite : *C'est sa faute ! Il a touché à mon pré.* Les contradictions ne lui coûtent rien. Après avoir dit : C'est sa faute ! il raconte toute la peine qu'il s'est donnée pour le renverser : *Quel travail !* dit-il. *Combien d'écritures ! Combien de pas et de démarches !* Le tout pendant huit mois, avec une patience infatigable. Il était temps pour lui que cela finît, car ce n'est pas assez de m'avoir détruit pour ce lambeau de pré de huit francs de rente, le malheureux était en train de se ruiner lui-même, et complétement, pour cette botte de foin, de laquelle il comptait tirer, à l'aide de l'archevêché, cinq cents francs de rente. Le beau service que M. Véron et « *les messieurs de l'archevêché* » comme il dit, lui ont rendu, en le *félicitant de sa modération !* Le voilà qui vend une part de son bien pour payer ses conseillers ! Voilà un père qui entame l'héritage de ses enfants pour payer la ruine de son frère, c'est-à-dire, en fin de compte, pour ruiner des deux mains ces pauvres enfants, qui sont au nombre de mes héritiers naturels. Encore, s'il n'avait entrepris que de nous ruiner tous, cela n'est rien ; on s'en consolerait. On lui a fait faire pis, en l'alléchant par l'espoir d'une satisfaction pécuniaire ; on l'a entraîné à mentir à ce qu'il y a de plus clair au fond de sa conscience, à déshonorer son frère, et avec son frère, sa malheureuse femme, et avec sa femme, ses enfants et lui-même, car ce n'est pas évidemment pour *la portion de pré,* ni pour la *dot,* que j'ai été déposé et publiquement flétri dans la chaire, c'est sous une prévention apparente de toute autre nature.

XXIII

Les autres délateurs.

Ma tâche est remplie : mon principal accusateur est connu : on voit qu'il a pris soin lui-même de démentir d'avance, dans une correspondance confidentielle, les charges odieuses qu'il fait peser sur moi, et de révéler les mobiles d'une mauvaise action qui n'est excusable qu'en lui.

Je ne veux pas discuter les autres délateurs, puisque l'administration diocésaine refuse de les nommer. Mais je les connais, et cette administration, qui les connaît aussi, leur a fait tout l'honneur qu'ils méritent, en attendant, pour me frapper, la déposition de mon frère... L'un d'eux, qui fut naguère mon vicaire, comparaissait l'autre jour en police correctionnelle, à Paris, sous prévention d'escroquerie ; il a été acquitté, je le sais, faute de preuves suffisantes, et j'aime à le croire innocent de ce dernier délit. Mais, outre les calomnies qu'il répandait contre moi dans ma paroisse, j'avais à sa charge des griefs de la nature la plus délicate et la plus sérieuse, et dont j'offrais la preuve par témoins en face de cet homme lui-même (1). Pourquoi, malgré mes justes

_____

(1) Voyez mon *Mémoire détaillé,* chap. III. p. 28 : et chap. XIII, p. 83 et 84.

plaintes, m'a-t-on imposé pendant plus de six mois encore ce singulier auxiliaire? Et après lui un autre qui, deux ans avant le jugement de l'officialité, me calomniait en chaire et dans la sacristie et partout, et cela, disait-il, par ordre supérieur. (1).

Je ne parlerai pas de deux ou trois laïques, plus ou moins abusés, qui ont fait chorus avec ces précédents et honorables personnages, mais avec la crainte qu'on les nomme, et sous promesse qu'on ne les nommerait pas. Tout se sait : je m'arrête. Qu'ils se démasquent, s'ils l'osent; qu'ils parlent tout haut, et l'on verra en un moment ce que deviendra leur témoignage.

Je crois en avoir assez dit pour démontrer le danger de ces procédures ténébreuses, et le peu de foi qu'elles méritent. Il me semble que la cause est déjà entendue. Je m'en remets, pour le surplus, avec une entière confiance, aux lumières et à la probité de mes juges.

(1) *Ibid.*, chap. III, p. 28; et chap. VI, p. 45.

Paris. — Imprimerie de L. MARTINET, rue Mignon, 2.

9 782329 669700